Kosmiska principer
25 principer om verkligheten

Serie *initiering* (I)

Klas Häger / Jochen Blumenthal

Kosmiska principer, 25 principer om verkligheten

Serie *initiering* (I)

ISBN 978-3-945871-91-1

© 2015 Klas Häger, Jochen Blumenthal

Das Gesetz des Einen-Verlag (Deutschland)

(*Lagen om en*-förlag (Tyskland))

Jochen Blumenthal, 12103 Berlin

E-Mail: kontakt@dasgesetzdeseinen.de

Web: www.verlag.dasgesetzdeseinen.de

I samarbete med L/L Research, Louisville (Kentucky)

Web: www.llresearch.org

Innehåll

Innehåll

Förord

Kära läsare,

för många är det svårt att föreställa sig att världen vi upplever är en illusion, att bortom den upplevda fysiska verkligheten väntar en större sådan, spirituell och tidlös till sin natur. De 25 poetiskt utformade principer som utgör den här boken behandlar hur vi ska förhålla oss till och bli medvetna om ett metafysiskt och andligt universum – förenat, till minsta beståndsdel, av Skaparens kärlek.

Materialet kanaliserades fram på 70- och 80-talet genom Carla L. Rueckert, Don Elkins och Jim McCarty, vilka även frambringade bland annat Law of One-materialet. L/L Research har sedan grundandet hållit till i Kentucky, USA. Där fortsätter Jim, den enda kvarvarande av den ursprungliga trion, att tillsammans med ett par eldsjälar driva förlaget som sedan 80-talet tagit fram och gett ut spirituella texter utformade eller kanaliserade av dem själva.

Om du som läsare finner nöje i den här publikationen är sannolikheten stor att du kommer uppskatta mer av det spirituellt orienterade material som L/L Research har att erbjuda, det är åtminstone förhoppningen. Skulle du däremot ha svårt att ta till dig dessa texter, eller rentav finna dem meningslösa, finns det ingen vits med att ödsla tid på dem. I så fall vill vi uppmana dig att lägga dem åt sidan och istället fortsätta söka efter något som tilltalar dig. Eller kanske nöjer du dig med dem som de är, utan att varken avfärda eller komplettera dem. Valet är helt och hållet ditt.

Som underlag till den här översättningen har jag använt mig av både en tysk och engelsk version av Kosmiska principer. I det arbetet såg jag beroende på sinnesstämning inte bara andlig vägledning, utan även lyriskt värmande aforismer. Vad det är för dig kan bara du veta.

Jag vill tacka Skaparen, som i form av min eviga kärlek Linnéa, organisationen L/L Research och eldsjälen Jochen Blumenthal har gjort den här publikationen möjlig.

Kärlek och ljus.

Klas Häger

2/7-2015, Berlin, Tyskland

1 Illusionen av separation

I illusionen tror du,
att du endast kan kontakta
dina medmänniskor
inom illusionens begränsningar.

Du uttrycker dig med ord
som flyger genom luften,
genom en telefon, eller någon
annan typ av apparat.

Detta skenbara avskiljande
medvetande till medvetande –
är en illusion.

Separation är skenbar, ej realitet.

2 Den andliga världens realitet

Vi håller ofta
den andliga världen för illusion
och illusionen av separation
för sann.

I själva verket förhåller
det sig tvärtom.

3 Verklighet

Verklighet

är i första hand

Skaparens ursprungliga koncept,

inte avgreningarna

som experimenteras fram

av dennes barn.

4 Illusionens sanna storlek

För att nå spirituella framsteg,
måste illusionen reduceras.

Det kan inte ske,
genom noggrann analys,
av varje enskild beståndsdel
av det som utgör vår vardag,
för att sedan tillskriva dem,
en viss storlek.

Deras sanna storlek,
mina vänner,
är obefintlig.

5 Nytt medvetandeplan

Känn rytmen av dina andetag,

hur den blir ett,

med allt som omgärdar dig.

Denna insikt är viktig.

6 Du är i Edens trädgård

I denna trädgård härskar perfektion,
där finns säkerhet och trygghet,
skydd mot allt otäckt.
Där finns ingen ondska.
När du mediterar är du där.
Platsen är verklighet.
Den perfekta trädgården
är ditt egentliga hem.

Låt din ande leva i trädgården.
Inte bara i meditation, utan alltid.
Nå ut efter denna plats.
Grip tag i den och
dra den nära intill dig.
Vistas i och bli ett
med din trädgård.
Där hör din sanna
identitet hemma.

7 Brinnande begär

Strävandets essens missförstås ofta.

Man jagar inte enskilda begär

efter bestämda ting.

Vad strävan innebär

motsvarar i sanning

en brinnande eld.

8 Det högsta strävandet

Alla dina upplevelser
är frukten av din strävan.
Tidigare önskningar formar nuet.
Vad du önskar idag
blir din framtid.

Skaparen har givit dig
fullkomlig valfrihet.
Låt oss välja att ge tillbaka,
det högsta vi kan sträva efter.

Att uppleva den Oändliga Skaparen
i sin fulla prakt.

9 Du får vara en stjärna

Är du medveten om,
att du får önska,
att du vore en stjärna?

Är du medveten om,
att du får erfara allt det,
som du önskar?

10 Strävan under lupp

Strävan är som solen,
det kan förse värme och ljus
åt jorden och dess invånare.

Men låter man ljuset passera
genom ett förstoringsglas,
bränner man det,
som hamnar i dess väg.

11 Skapelsens spirituella natur

Människan försummar
skapelsens spirituella natur.
Det är ett stort misstag.
Skapelsens beståndsdelar,
är helt och hållet spirituella.
Det finns inget annat.

Skapelsen är inte så,
som människan föreställer sig.
Den ser bara ut så för hen,
eftersom hens medvetande
är begränsat.

12 Fri vilja

Sanningen om
Skaparens kärlek,
är att den måste
blomma inifrån och ut,
inte utifrån och in.

13 Skaparens plan

Strävan är nyckeln
till vad som dig ges.
Det du önskar, ska du också få.
Sådan är Skaparens plan.

14 Reducera illusionen

Reducera

genom meditation,

illusionen av

den skenbara separationen.

Människan har själv åsamkat den.

15 Den levande Skapelsen

Skapelsen lever.
Den är intelligent,
den är ett väsen.
Du är en del av den,
en del som andas,
evighetens luft.

16 Isolerade delar

Somliga av Skaparens delar
har isolerat sig.
De har avlägsnat sig,
från Skaparens
ursprungliga tanke.

Även människan
har genom sina
experiment och erfarenheter,
i sitt tankesätt,
låtit avlägsna sig.

17 En viktig strävan

Värna om den strävan
som vill söka och finna
utanför det materiella paradigmet
som dominerat planeten så länge.

18 Gränslöst

Universum är gränslöst.

För din identitet,
ditt sökande,
din kännedom om Skapelsen,
finns inga begränsningar.

19 Enhet

Det gränslösa
kan inte vara flera.
Mängd är ändlig.
Evighet är enighet.
I en oändlig Skapare
finns endast enhet.

20 Ljus och kärlek, kärlek och ljus

I sanning

finns varken rätt eller fel.

Motsatser förenas.

Du är allt,

alla väsen,

varje känsla,

varje händelse,

varje situation.

Du är enhet. Du är oändlighet.

Du är ljus och kärlek,

kärlek och ljus.

21 Sanningen om Skaparens kärlek

Det är upp till var och en
att acceptera eller avböja
det som är nödvändigt
för sin egen spirituella utveckling.

Endast därigenom
kan sanningen om
Skaparens kärlek,
som är Skapelsen,
skönjas.

22 Komplicerad illusion

Den komplicerade illusionen
är människans verk.

Låt det komplicerade
förångas.

Bli medveten om
det som skapat dig.

23 Skaparens önskan

Bli medveten om Skaparen.

Bli medveten om dennes önskan.

Då blir du medveten om din egen.

För du och Skaparen

är en.

Du kommer att märka

när du varseblir dennes önskan.

Frågorna upphör.

Du kommer finna det du söker.

Du finner kärlek.

Sådan är Skaparens önskan.

24 Finn Skaparens kärlek

Uttryck Skaparens kärlek,
så som den tagit form hos dig.

Finn den genom meditation.

Varken intellektuell ansträngning,
omfattande planering, eller tolkningar
av det uttalade eller skrivna ordet,
leder dig till denna enkla sanning.

25 En tanke av kärlek

Var i stånd,
att förstå egenskaperna
hos illusionens möjligheter.

Reagera genom
introspektion och meditation,
så att Skaparens tanke
uttrycks med:
en tanke av kärlek.

Referenser

Härstammar från sändningar som kanaliserats genom Carla L. Rueckert och andra på L/L Research.

01 – 04   Hatonn, 28 maj 1974

05   Oxal, 8 april 1974

06   Hatonn, 10 april 1974

07 – 11   Hatonn, 12 april 1974

12 – 17   okänt

18 – 20   Ra 1.7, 15 januari 1981

21 – 25   okänt

Om översättaren

Spirituell sökare med brinnande intresse för dansmusik, sportcyklar, arkadspel och det paranormala. Klas Häger är tydligt en vän av Jordens nycker och skriver gärna i någon av hans två bloggar (solnedgang.se och psydonia.com) när han inte ägnar sig åt redigering och översättning av L/L Research-material. Ursprungligen från Uppsala, Sverige, men bofast i Berlin sedan 2009.

Initiativtagaren till den här översättningen är den sedan 20 år tillbaka spirituellt engagerade Jochen Blumenthal. Yoga, meditation och healing har tillsammans med företagssamhet och konsultverksamhet kantat hans livsväg. Sedan 2013 har han ägnat större delen av sin tid åt att översätta spirituella texter, i synnerhet från L/L Research. 2014 grundade han "Das Gesetz des Einen-Verlag (Deutschland)" (Lagen om En-förlaget), med avsikten att få en större internationell spridning av L/L-materialet.

Övrig information

L/L Research har publicerat ett stort antal skrifter och böcker, varav majoriteten av såväl deras egna texter som transkriberingar av kanaliserat material (från 40 år tillbaka) finns tillgängligt kostnadsfritt på deras hemsida (llresearch.org) eller i bokformat i deras webbutik.

Publiceringar i urval:

- The Ra Contact: Teaching the Law of One
- Living the Law of One, 101: The Choice
- A Wanderer's Handbook
- Channelings from the Holy Spirit
- Secrets of the UFO

Utgivningar på andra språk:

"Das Gesetz des Einen-Verlag (Deutschland)" fungerar som L/L Research's publicist i Europa och erbjuder en mindre mängd av de engelskspråkiga publikationerna samt ett växande antal översättningar på bland annat tyska och franska.

Tyska:

- Der Ra-Kontakt: Das Gesetz des Einen lehren
- 25 Prinzipien der Realität
- Meditation
- Lehrmeister Jesus
- Dienst der Liebe
- Wahre Worte, Bündnisbotschaften Sammelband
- Essenz I
- Das Gesetz des Einen leben, Das 1x1: Die Wahl
- Außerirdische Kommunikation

Franska:

- Le contact Ra: La Loi Une enseignée
- Comment vivre la Loi Une: Le Choix
- Vade mecum du pèlerin errant
- 25 principes de réalité
- Méditation
- Jésus, Le Maître Enseignant

www.ingramcontent.com/pod-product-compliance
Lightning Source LLC
Chambersburg PA
CBHW060547030426

42337CB00021B/4477